Marginales

Nuevos textos sagrados

Colección dirigida por
Antoni Marí

José Emilio Pacheco

EL SILENCIO DE LA LUNA

[POEMAS 1985-1996]

TUSQUETS
EDITORES

Diseño de la colección: Clotet-Tusquets
Ilustración de portada: © Alicia Sandoval
Fotografía del autor: © Rogelio Cuéllar Ramírez
Colección: Marginales
Serie: Nuevos textos sagrados

Bajo el sello editorial TUSQUETS M.R.
Avenida Presidente Masarik núm. 111,
Piso 2, Polanco V Sección, Miguel Hidalgo
C.P. 11560, Ciudad de México
www.planetadelibros.com.mx

Primera edición en formato epub: abril de 2025
ISBN: 978-607-39-2811-3

Primera edición impresa en México: abril de 2025
ISBN: 978-607-39-2677-5

Impreso en los talleres de Litográfica Ingramex, S.A. de C.V.
Centeno núm. 162-1, colonia Granjas Esmeralda, Ciudad de México
Impreso en México - *Printed and made in Mexico*

A la memoria de Carmen Berny Abreu,
mi madre

De quien te dice: tengo miedo,
no dudes.
De quien te dice que no duda,
ten miedo.

Erich Fried

Lo que nos dejan los poetas
está siempre manchado por el tiempo,
el pecado, el exilio.
El más sincero de ellos,
el más incógnito, sereno, enamorado,
no nos impone nada:
ni verdad ni consuelo ni desprecio.
Presente, ya está ausente; y Picasso,
al hacer un muñeco de nieve, entendió bien
que la inmortalidad del arte
se halla en el tiempo, el pecado, el exilio,
y el sol tiene la obligación de rescatar
las lágrimas, las fuentes, los ríos y los mares:
todo en vano.

Vladimir Holan

I

LEY DE EXTRANJERÍA

A la memoria de Jaime Sabines

PREHISTORIA

I

En las paredes de esta cueva
pinto el venado
para adueñarme de su carne,
para ser él,
para que su fuerza y su ligereza sean mías
y me vuelva el primero
entre los cazadores de la tribu.

En este santuario
divinizo las fuerzas que no comprendo.
Invento a Dios,
a semejanza del Gran Padre que anhelo ser
con poder absoluto sobre la tribu.

En este ladrillo
trazo las letras iniciales,
el alfabeto con que me apropio del mundo al simbolizarlo.
La T es la torre y desde allí gobierno y vigilo.
La M es el mar desconocido y temible.

Gracias a ti, alfabeto hecho por mi mano,
habrá un solo Dios: el mío.
Y no tolerará otras deidades.
Una sola verdad: la mía.
Y quien se oponga a ella recibirá su castigo.

Habrá jerarquías, memoria, ley:
mi ley: la ley del más fuerte
para que dure siempre mi poder sobre el mundo.

2

Al contemplar por vez primera la noche
me pregunté: ¿será eterna?
Quise indagar la razón del sol, la inconstante
movilidad de la luna,
la misteriosa armada de estrellas
que navegan sin desplomarse.

Enseguida pensé que Dios es dos:
la luna y el sol, la tierra y el mar, el aire y el fuego.
O es dos en uno:
la lluvia / la planta, el relámpago / el trueno.

¿De dónde viene la lumbre del cielo?
¿La produce el estruendo? ¿O es la llama
la que resuena al desgarrar el espacio?
(como la grieta al muro antes de caer
por los espasmos del planeta siempre en trance de hacerse).

¿Dios es el bien porque regala la lluvia?
¿Dios es el mal por ser la piedra que mata?
¿Dios es el agua que cuando falta aniquila
y cuando crece nos arrastra y ahoga?

A la parte de mí que me da miedo
la llamaré Demonio.
¿O es el doble de Dios, su inmensa sombra?

Porque sin el dolor y sin el mal
no existirían el bien ni el placer,
del mismo modo que para la luz
son necesarias las tinieblas.

Nunca jamás encontraré la respuesta.
No tengo tiempo. Me perdí en el tiempo.
Se acabó el que me dieron.

3

Ustedes, los que escudriñen nuestra basura
y desentierren puntas
de pedernal, collares de barro
o lajas afiladas para crear muerte;
figuras de mujeres en que intentamos
celebrar el misterio del placer
y la fertilidad que nos permite seguir aquí contra todo
—enigma absoluto
para nuestro cerebro si apenas está urdiendo el lenguaje—,
lo llamarán *mamut*.
Pero nosotros en cambio
jamás decimos su nombre:
tan venerado es por la horda que somos.

El lobo nos enseñó a cazar en manada.
Nos dividimos el trabajo, aprendimos:
la carne se come, la sangre fresca se bebe,
como fermento de uva.
Con su piel nos cubrimos.
Sus filosos colmillos se hacen lanzas
para triunfar en la guerra.
Con los huesos forjamos
insignias que señalan nuestro alto rango.

Así pues, hemos vencido al coloso.
Escuchen cómo suena nuestro grito de triunfo.

Qué lastima.
Ya se acabaron los gigantes.
Nunca habrá otro mamut sobre la tierra.

4

Mujer, no eres como yo
pero me haces falta.

Sin ti sería una cabeza sin tronco
o un tronco sin cabeza. No un árbol
sino una piedra rodante.

Y como representas la mitad que no tengo
y te envidio el poder de construir la vida en tu cuerpo,
diré: nació de mí, fue un desprendimiento:
debe quedar atada por un cordón umbilical invisible.

Tu fuerza me da miedo.
Debo someterte
como a las fieras tan temidas de ayer.
Hoy, gracias a mi crueldad y a mi astucia,
labran los campos, me transportan, me cuidan,
me dan su leche y hasta su piel y su carne.

Si no aceptas el yugo,
si queda aún como rescoldo una chispa
de aquellos tiempos en que eras reina de todo,
voy a situarte entre los demonios que he creado
para definir como El Mal cuanto se interponga
en mi camino hacia el poder absoluto.

Eva o Lilit:
escoge pues entre la tarde y la noche.

Eva es la tarde y el cuidado del fuego.
Reposo en ella, multiplica mi especie
y la defiende contra la gran tormenta del mundo.

Lilit, en cambio, es el nocturno placer,
el imán, el abismo, la hoguera en que ardo.
Y por tanto la culpo de mi deseo.
Le doy la piedra, la ignominia, el cadalso.

Eva o Lilit: no lamentes mi triunfo.
Al vencerte me he derrotado.

«ADÁN AL REVÉS ES NADA» (UNAMUNO)

La palabra *greed* gruñe.
La palabra *codicia* tiene garras, tentáculos.
La palabra *ambición*
va suelta por el mundo con las fauces abiertas.

La palabra *deseo* está desnuda.
Pero cuando avanzamos para tocarla
ella nos da la espalda y se pierde en la sombra.

No hay nada tan redondo y circular
como el término *nada*.
En él *Adán*
se dobla fetalmente, se da la vuelta
como una rueda o un ovillo o un óvulo;

termina su función:
entra en la nada.

En la República de los Lobos
nos enseñaron a aullar.

Pero nadie sabe
si nuestro aullido es amenaza, queja,
una forma de música incomprensible
para quien no sea lobo;
un desafío, una oración, un discurso,

o un monólogo solipsista.

LEY DE EXTRANJERÍA

La tierra es plana y la sostienen
cuatro elefantes gigantescos.
Los mares se derraman en las tinieblas
y de las olas brotan las estrellas.

He estado en Creta, Nubia, Tarsis, Egipto.
En todas partes fui extranjero porque no hablaba el idioma
ni me vestía como ellos.

También nosotros, ciudadanos de Ur,
despreciamos al que es distinto.
Por algo hicimos lenguas diferentes:
para que los demás nada entiendan.

En Ur soy como todos. Hablo mi idioma
sin traza alguna del acento bárbaro.
Como lo que comemos los de Ur.
Huelo a nuestras especias y licores.

Y sin embargo en Ur me detestan
como jamás fui odiado en Tarsis ni en Nubia.

En Ur y en todas partes soy extranjero.

TABLILLA ASIRIA

Poco filo mi resta, ma spero che avrò modo
di dedicare al prossimo tiranno
i miei poveri carmi...

EUGENIO MONTALE,
Quaderno di quattro anni

Antes de irme adoraré a otro tirano.
Qué gratitud
hacia quien da respuestas a todo.
Qué alivio
sentirse parte del rebaño,
matar a cambio del cielo
y ser premiado por crímenes.

Príncipe, escucha mi alabanza
y no te olvides de tu siervo.

Me doy, grita el vencido.
Es decir: te pertenezco, renuncio
a mi identidad y a mi dignidad,
a mi condición humana. Desciendo
a *res* (en español y latín): bestia, cosa,
animal que puedes uncir al yugo
o bien sacrificarlo en el altar de tu triunfo.

El vencedor, en la ebriedad de sí mismo,
no alcanza a ver la sombra que proyecta su víctima:
la espada
de la venganza, el espectro
del guerrero que se dispone
para ser otra vez verdugo
de quien creyó eterno su poderío
y sin embargo muy pronto
dirá también: *me doy*
y bajará la cabeza,
humildemente como el lobo vencido.

RETORNO A SÍSIFO

Rodó la piedra y otra vez como antes
la empujaré, la empujaré cuestarriba
para verla rodar de nuevo.

Comienza la batalla que he librado mil veces
contra la piedra y Sísifo y mí mismo.

Piedra que nunca te detendrás en la cima:
te doy las gracias por rodar cuestabajo.
Sin este drama inútil sería inútil la vida.

NAVEGANTES

Combatimos en Troya. Regresamos
con Ulises por islas amenazantes.
Nos derrotaron monstruos y sirenas.
La tormenta averió la nave.
Envejecimos entre el agua de sal.
Y ahora nuestra sed es llegar a un puerto
donde esté la mujer que en la piedad de su abrazo
nos reciba y nos adormezca.
Así dolerá menos el descenso al sepulcro.

OSCURA ENTRE LAS SOMBRAS

per umbras, oscuram...
Eneida VI, 452

Oscura entre las sombras, vio aparecer a Eurídice.
Intentó acercarse.
La muchacha sonrió y se perdió entre la gente.

El rock se amplificaba, la danza parecía
más una ceremonia de otro mundo
que un simple carnaval cuando ya está a punto
de comenzar el miércoles de ceniza.

Y todos eran jóvenes excepto él.
Los muertos no envejecen.
Continuaban intactos al ritmo y a la moda de mil
novecientos setenta.

Han pasado veinte años. Sin embargo,
debe seguir escribiendo,
una forma humilde pero contundente
de invocación.

No tiene otra a su alcance
para hacer que regrese de lo más hondo
por un instante
Eurídice, su amor, la joven muerta.

El rey David era ya viejo y estaba lastimado por los años. Lo cubrían con mantas y no entraba en calor. Entonces dijeron sus siervos: «Traigan a mi señor el rey una muchacha virgen que lo atienda y lo abrigue y duerma a su lado y le dé calor». Tras buscar por todo Israel a la más hermosa, hallaron a Abisag, la Sunamita. Abisag fue llevada ante David. Y la joven era muy bella y le daba al rey el calor de su juventud. Pero David ya no fue capaz de entrar en su cuerpo.

Libro Primero de los Reyes 1, 1-4

Estas piernas no logran ya sostenerme,
tan frágiles.
tan quebradizos se volvieron mis huesos.

Esta mano ya es incapaz de ser puño.
Nunca jamás volverá a alzar la espada
ni a disparar la honda contra el gigante.

Mi boca ya no muerde.
La abandonaron los dientes.
Todo mi cuerpo es descenso,
huida, caída
hacia la tumba que me está acechando.

Soy el pellejo colgado
de un animal
que cazaron hace mil años.

En cambio qué tersura
la de tu piel, Abisag.
Qué esbeltez de tu talle
y qué firmeza tus senos.

Todo mi ser es como campo en invierno.
Tu juventud no me basta
para incendiar este frío.

Cómo es posible, mi niña,
que no te diga nada la palabra *Goliat*
y no sepas de mis hazañas.

Desde antes que nacieras fui el viejo rey,
no el adolescente
elegido por Dios para salvar a su pueblo.

¿Puedes creer que era como tú
y llegó a odiarme Saúl
porque mi joven gloria amenazaba su reino?

De mi triunfo en la guerra quedó la hierba
que alimentan los muertos de la batalla.
Se han olvidado mis salmos
y mi salterio está cubierto de polvo.

Es mejor que te vayas, Abisag.
Déjame a solas con la muerte.

THE BUBBLE LADY

> Berkeley es la victoriosa capital de la contracultura, la rebelión que sacude todo lo establecido. Un personaje típico de Berkeley, Julia Vinograd, *The Bubble Lady*, vende por la calle Telegraph sus libros de versos y no deja un solo momento de arrojar al aire sus pompas de jabón que la han hecho famosa en todo el mundo.
>
> *Excélsior*, 1970

Ya que escribir la historia es el consuelo
del derrotado, Salustio,
varios siglos después de todo aquello,
regresó a Berkeley
para contar entre los eucaliptos
La guerra de Yugurta.

De lo que fue aquella época
quedó tan sólo un testimonio viviente:
The Bubble Lady.

Aún vende por la calle libros de versos.
Aún arroja al viento voraz de la historia que no perdona
sus pompas de jabón desde ese otro mundo.

TEBAIDA

> En el desierto cuán a menudo me imaginé
> rodeado por los placeres de Roma.
>
> San Jerónimo, *Patrología latina*

Lo envuelve el asco al terminar la orgía.
Se va como ermitaño a la Tebaida.
Y allí qué tentación, qué celestiales
parecen los placeres. Y su cuerpo
reclama al otro cuerpo. (Su simiente
es devorada por la arena yerma).

UN REO BENDICE A TORQUEMADA

Quien me da de beber asfixia
quiere salvarme.
El que enciende los leños de la hoguera
lo hace por mi alma eterna.
Los que calman mi hambre con la cicuta
son agentes del bien.

Gracias, hermanos.
Dios premiará la suma de bondades.

ÚLTIMO AMOR DE DON JUAN

Después de amar como el rey David a la Venus de
 Botticelli,
vivir entre cuchillos con la Maja Desnuda,
cegar al Minotauro para llevarse a Ariadna,
su último amor es la mujer de Lot.

Y entre ruinas llameantes de las ciudades,
concentra su pasión en una inocente
perversidad de niño o toro de lidia:
lamer la sal que encona sus heridas.

Señor, guarde silencio o le cerramos la boca
de un latigazo.
Se la inutilizaremos bajo el hierro candente.
Con las tenazas de la Ley retorceremos su lengua.

No nos haga llegar a los extremos.
Guarde silencio. Cállese. No hable.
Al Juez no se le juzga.
Él imparte Justicia, decide todo.
Es la Mente que piensa por nosotros.

En cambio usted no es nadie, no sabe nada.
Se llama simplemente *el acusado*.
Qué soberbia aspirar a defenderse.

¿Supone que en el valle de Josafat
se atrevería a increpar a Dios Padre
por la forma tan justa en que creó este mundo?

¿Se da usted cuenta? Es el culpable de un crimen.
No sabrá cuál, no sabrá cuál,
morirá sin saberlo.
Debe pagar por ello. Y de qué manera.

No, no: no abra la boca. No interrumpa.
Respete al Juez y su Alta Investidura.
Es la Ley y está aquí para juzgarlo.
Corre peligro de volverse reo
de Lesa Majestad. Acepte y calle.

¿Desea, señor, que pierda la paciencia?
No me obligue a salir de mis cabales.
Añadiré a su cuenta de pecados
el delito nefando de blasfemia.

No me venga con cuentos de derechos humanos.
Usted ya no es humano: es el enemigo.
Vea en esta faramalla sólo un pretexto formal
que disimula y cubre el expediente.

Dentro de unos instantes ofrendaremos su cuerpo
en el altar del Bien, la Bondad y el Orden Fraterno.

«Sin excepción nacemos
para el fracaso.
La derrota
es el destino único de todos.
Nadie se salva»,

dice el viejo escritor triunfante
que ya no se levanta de la cama.
Le da un sorbo a su whisky, añade:

«¿Quién ha tenido el éxito
de Napoleón?:
la Campaña de Italia,
la Batalla de las Pirámides,
el Consulado, el Imperio,
Jena, Austerlitz
y todo lo que gusten.
Gran victoria
si cortamos aquí el relato.

»Pero al final Napoleón
es Waterloo y Santa Elena.

»Todos vamos sin pausa hacia el desastre.
Toda vida termina en el fracaso».

TITÁNIC

Nuestro barco ha encallado tantas veces
que no tenemos miedo de ir hasta el fondo.
Nos deja indiferentes la palabra catástrofe.
Reímos de quien presagia males mayores.
Navegantes fantasmas, continuamos
hacia el puerto espectral que retrocede.
El punto de partida ya se esfumó.
Sabemos hace mucho que no hay retorno posible.
Y si anclamos enmedio de la nada
seremos devorados por los sargazos.
El único destino es seguir navegando
en paz y en calma hacia el siguiente naufragio.

ARMISTICIO

Durante mucho tiempo combatimos sin vernos las caras. Ellos eran los otros, los enemigos. Los veíamos caer o volar en pedazos. Sus proyectiles nos daban muerte o nos mutilaban. Nuestras relaciones sólo tenían tres nombres: miedo, odio, desprecio.

Hoy se ha firmado la paz. Arrojamos las armas, avanzamos por lo que fue la tierra de nadie. Vemos las líneas de trincheras, los escombros, las fortificaciones, los despojos. Los otros salen a nuestro encuentro con la mano extendida para mostrar que no ocultan armas.

Alegría, asombro, reconocimiento. El enemigo no es un monstruo. Posee como nosotros una cara, un nombre, una historia que no existió antes ni se repetirá. Tiene padres, mujer, hijos, amigos, un pasado, un porvenir, un dolor, una vergüenza y cuando menos un recuerdo de dicha.

Trágico error la guerra. Somos hermanos. Con ser tan distintos nos parecemos tanto. Brindamos con aguardientes miserables. Intercambiamos raciones agusanadas. La fraternidad les da sabor de ambrosía. Nunca más, nunca más volveremos a entrematarnos.

De vuelta a casa, quienes nos esperaron y nos enviaban al frente regalos y cartas alentadoras, se nos muestran hostiles. Sentimos que nos reprochan haber sobrevivido y nos preferirían muertos y heroicos.

Todo nos separa. Ya no tenemos de qué hablar. Donde hubo afecto hay resentimiento, rabia donde existió la gratitud. Los mismos a quienes creímos conocer de toda la vida se han vuelto extraños. Qué desprecio en sus ojos y cuánto odio en sus caras. Los nuestros son los otros ahora. Cambia de nombre el enemigo. El campo de batalla se traslada.

EL CAPITÁN

El viejo capitán sale a cubierta
y dice adiós.
Es la última tormenta.
Se hundirá con su barco.

OBEDIENCIA DEBIDA

Dispare, me dijeron. Obedecí.
Siempre he sido obediente. Por obediencia
conquisté un alto rango.

Es una inmensa dicha hacer fuego.
Desde luego lo siento por los caídos.

No soy un hombre bueno ni un hombre malo.
Me limito a cumplir las órdenes.
Pienso que es por el bien de todos.

Por favor no me malentiendan.
Mediten antes de juzgarme.

No soy el lobo feroz
sino el padre prudente y sabio
que por el bien del rebaño
ha de tener mano dura.

El orden se mantiene con el terror.
Si los dejo sueltos
acabarán devorándose.

Me deben hasta el aire que malrespiran.
En vez de arrojarme piedras
o hablar de una «libertad» que es el mirlo blanco
(nadie lo ha visto),
denme las gracias

y canten mi alabanza a la hora del ángelus.

LA DERROTA

El que piensa por todos prohibió pensar.
Su palabra es la única palabra.
Él dice todo sobre todas las cosas.

Sólo existe algo que no puede prohibir:
los sueños.

Noche tras noche
la gente sueña en acabar con el que piensa por todos.

FISURA

En la fisura del monumento
el nopal arisco. Victoria
del suelo incorruptible y el tiempo justo
contra quienes pretenden
negar nuestra condición
de lodo quebradizo
y ser como dioses.

LOS DESAIRADOS

Los desairados bajo el desamor,
los que nadie quiere
por su gordura, rabia acumulada.
o por su escualidez rencorosa;
los siempre desdeñados por feos o tontos o viejos,
llega un día en que se arman de valor,
gastan lo que no tienen en comprarse una Uzi
y antes de despedirse con un tiro en la sien,

ametrallan al mundo entero.

Tan misterioso como el pasado o como pensar en qué habrá ocurrido dentro de un año, es verse a solas en una casa ajena en el desierto de la ciudad extranjera.

La gratitud obliga a no tocar nada, no abrir ningún cajón, ni siquiera mirar por mucho tiempo las fotos familiares.

He entrado en vidas que permanecerán inescrutables. Me iré mañana para no volver nunca. La casa que estaba en pie antes de mi nacimiento seguirá envejeciendo después de mi muerte.

Sin embargo esta noche me encuentro en ella. Las cosas para mí serán distintas por el simple hecho de haber pasado un momento entre muros que han resistido ya dos guerras mundiales y atestiguarán el desenlace de cuanto hoy se gesta en Europa.

La figura del huésped solitario en la ciudad hostil resume el paso por la vida.

UN JARDÍN EN BERLÍN

Huele a olvido la niebla mientras su aroma
afila el aire del momento sin luz
que penetra como un tatuaje.

En la desnuda arboleda
la *Y* griega de a*y*er *y* ho*y*.

El árbol de la vida que abre los brazos
al tiempo, al viento, a lo que nunca veré

porque ya nos vamos.

[Ante las ruinas del muro de Berlín y la
cancillería del Reich]

En la circunferencia no hay azar.
Siempre llega a su meta
esa línea que anhela redondearse,
juntar sus fuerzas con quien le tiende los brazos.

Dos semicírculos
se unen en la igualdad sin tacha,
se funden
en un todo que las trasciende.

Felices en su abrazo van dando vueltas,
rueda que rueda hasta el gran cero absoluto.

Me llamo *Ploy*. Soy un *decoy*, un señuelo, una añagaza. Tengo cara de pato y colores de pato. Hago cuacuá en tonos que para ustedes suenan iguales pero significan matices distintos: reconocimiento, llamado de amor, seguridad de que está libre el paso.

Los patos no se dan cuenta del engaño. Los convoco a la red mortal, a la nube de perdigones, a las fauces que los recogen cuando agonizan. Me dan lástima los emigrantes: hacen el largo viaje para escapar del infierno y no saben que vienen a cumplir la cita con el abismo.

En cambio, nadie dispara contra mí. Los perros no me tocan: les rompería los colmillos la materia de que estoy hecho. Soy *Ploy*, soy un *decoy*, voy adonde me llevan. No tengo alas. Desconozco la libertad y el vuelo. Floto como una barca fúnebre. Cumplo mi destino. Represento mi papel: cebo, carnada, señuelo que confunde, añagaza que atrae a la destrucción.

No se hizo para mí la compañía. No volaré en bandada a ninguna tierra. Mi eternidad es el agua sucia de sangre; mi alimento, los juncos deshechos por las balas. Descúbranse ante mí, no me pasen por alto: soy el secretario general de la muerte.

EL COBRADOR

Viene a cobrarme no sé qué.
Lo hago pasar a la sala.
Le muestro mis papeles.
Se hallan en orden.
Pero él insiste y amenaza y reclama.
Sólo saldrá de aquí cuando me muera.

Mientras tanto seguirá furibundo,
echándome la culpa del desastre mundial,
la contaminación, el desempleo, la miseria, el fracaso
del socialismo real, el capitalismo salvaje,
la deuda externa, el efecto de invernadero, la droga,
la violencia, el esmog, el nuevo racismo, el cáncer, el sida,
o la promiscuidad o la explosión demográfica
o cualquier otra cosa —con objeto
de cobrarme su pena de estar vivo.

LA SOMBRA

De lo perdido ¿qué aparece?
La sombra
en la imaginación que desfigura el recuerdo.

Sólo tenemos este ahora…

Ya no está aquí:
se hundió en la boca del insaciable pasado.

TRUENO

No el fin del mundo,
sí de este mundo,
el trueno que en la sombra se escucha hondo.

Ahora estamos a la intemperie.
Somos los dueños del vacío.

FIN DE LA HISTORIA

Puerta de luz el bosque entre la neblina,
a la orilla del río que se ha llevado la historia.

Este muro ruinoso sigue viviendo
y de nuestra esperanza no queda nada.

Sollozo de la marea al terminar una época.
El río gris
vive de hendir el mar que lo devora.

MONTAÑA

Montaña, imposible altar, obstáculo agrio
para el tiempo que se desliza.

Rota altivez en la desolación, monumento
a la más viva vida de la muerte. Pirámide
donde se entierra anticipadamente el planeta.

Montaña asesinada para abrirnos camino
y abolir sus entrañas. Doble tajo
que cruzamos sin verlo.

Voló en un segundo
lo edificado por millones de años.

Montaña desgarrada que espera en vilo el final de todo.

Y mientras tanto permanece.

LA RUEDA

Sólo es eterno el fuego que nos mira vivir.
Sólo perdura la ceniza.
Funda y fecunda la transformación,
el incesante cambio que manda en todo.

Sólo el cambio no cambia y su permanencia
es nuestra finitud.

Hay que aceptarla y asumirla: ser
del instante,
material dispuesto
a seguir en la rueda del hoy aquí

y mañana en ninguna parte.

NUEVO ORDEN

Lo acumulado se rebela en caos,
secuestro bajo la muchedumbre ingobernable
de papeles y objetos.

No hay que rendirse al pasado
sino echar por la borda el lastre.

Lo que fue hecho para frenar el instante
se transforma en cadáver de aquel instante.

Vivir ligeros, sin *souvenirs*, sin archivos.
Lo que ha sido se ha ido.
Ya se fue.

El mañana
vendrá como quiera y sin miramientos.

Sobre todo sin miramientos.

ALBA

Aún no rompe el día y el canto de los pájaros ya ha comenzado. Nunca sabremos lo que dicen pero es evidente el intercambio: preguntas y respuestas indescifrables para nuestros oídos, jeroglíficos de aire, enigma del que jamás encontraremos la clave.

Sus picos desgarran las tinieblas. La luz llega en sus alas. Vuelo de claridad, señal de vida, anuncio de que tampoco será eterna esta noche.

Al despertar el sol nace la tierra. Y de su lumbre se alza otro día nuestro.

II

A LARGO PLAZO

A Luis Antonio de Villena

HOMENAJE A LA COMPAÑÍA TEATRAL ESPAÑOLA DE ENRIQUE RAMBAL, PADRE E HIJO

A Pilar Guerrero

La realidad es ficción. Mentimos siempre
para sobrevivir, para evitar la guerra,
obtener la amnistía que nos absuelva del crimen
sin atenuantes ni remedio: estar vivos.

Representamos papeles, inventamos novelas de un instante,
dramas utilitarios, farsas, comedias.
Y somos los bufones a quienes se arrojan monedas,
se deja hablar o se perdona la vida.

Por tanto es necesaria la otra ficción:
para hallar las verdades que no intentamos decir
porque se dicen por sí solas.

La realidad no es la escuela, el deber, el temor,
levantarse a las seis en punto, adquirir el derecho a entrar,
mediante astucia y sumisión, en el orbe de los adultos,
perpetuar su consciente irrealidad, «triunfar en la vida»,
llevarse en el camino a los demás, reunir bastante dinero
para hacerse una tumba que a otros mate de envidia.
Pero aún falta mucho cuando se tienen once años.

Entonces una noche diferente a otras noches
la realidad es el mar de trapo y cartón
en que navega Edmundo Dantés para volverse el Conde de Montecristo;
el instante en que a Miguel Strogoff le queman los ojos,
pero al ver a su madre entre la multitud el Correo del Zar llora
y sus lágrimas fluyen y neutralizan el hierro.

La realidad es sobre todo el arte supremo
del novelista griego que firmó como «San Juan» su Evangelio.
Cien veces he leído las mismas páginas.
Sé de memoria lo que va a pasar.
Y sin embargo al ver la puesta en escena
me asalta la esperanza de que esta vez
El Redentor no morirá en el Calvario.
La Sangre de mentira es la verdad.
La Corona de Espinas se hunde en mi frente.
Una lanza se clava en mi costado.
Siento en las manos y en los pies los clavos.

En esa noche la realidad es Cristo que muere
y resucita a los tres días.
Y no me importa que al caer el telón
también el joven Rambal
se levante de entre los muertos y agradezca el aplauso
tomado de la mano con la Virgen María
y el traidor necesario Judas.

Pobre definición «la magia del teatro»
para describir lo que a los ojos del niño
fue el sueño voluntario de la puesta en escena,
el fingir, el representar, el hacer creer,
por la Compañía Teatral Española de Enrique Rambal,
　　Padre e Hijo,
en el antiguo teatro Arbeu (¿o fue el Iris?).

Ni en el Old Vic, el Bolshoi, la Comédie Française,
ni en el cine ni en ningún lado
encontrará nada igual el niño de entonces.
Ni tampoco en ninguna parte
dejará su veneración por el teatro, el drama, la comedia,
　　la escena,
la presencia viva
de la actriz y el actor
bajo las luces, entre las telas, el plástico, la madera, el
　　cartón,
brillando como nadie puede brillar en la opaca vida.

El folletín, el melodrama, la novela ilustrada escénica,
como ustedes quieran llamarla,
es más real que la realidad porque se sabe mentira,
invulnerable a la detracción, el arrepentimiento, la crítica.

Nada quedó de la Compañía Teatral Española de Enrique
　　Rambal, Padre e Hijo.
Quizá tan sólo admiraciones infantiles de ayer,
como esta insignificante memoria imborrable.
Porque sólo una vez se descubre el teatro
cuando se tienen once años.

LAS SIETE PALABRAS

Antes de la Primera Comunión
en la Doctrina nos indoctrinaron
con tal destreza que nadie
nos quitará jamás el golpe de pecho.
Hagamos lo que hagamos resonarán en la noche
las siete palabras
de la autoflagelación:
Por mi culpa,
por mi grandísima culpa.

BAJO EL TRANVÍA «PRIMAVERA»

Bajo el tranvía «Primavera»
aplastábamos las monedas.

Quedaban planas como hostias,
simples objetos de goce,
caricia al tacto, aire puro.

Ruedas y rieles volvían
cosa de nada el dinero.

CIRIOS

Cirios: son nuestras vidas consumiéndose,
le dijeron al niño en la profunda
catedral de penumbra silenciosa.

La visión permanece nítida:
las llamas palpitantes en la zona intermedia
entre la oscuridad y la luz enrarecida
por los vitrales
y las fugaces mechas que al arder
devastaban la cera o la parafina.

Llama es la vida
y cirios nuestros cuerpos que se desgastan.
Pero su fin no es previsible:
puede seguir el curso natural
o acabar por un soplo o una racha de viento.

EL USO DE LAS PALABRAS

> Semántica: Estudio del uso de las palabras
> MARÍA MOLINER,
> *Diccionario de uso del español*

En los feroces días de mi adolescencia tristísima
la expresión «hacer el amor» significaba «cortejo».
«Te hacía el amor» enviándote flores
o escribiendo versitos y nada más.

En algún momento,
entre mis diecinueve y mis veinticuatro,
«hacer el amor»
llenó el lugar que ocupaban
obscenidades, vocablos técnicos
o impregnados de incienso y confesionario.

Nuestros mejores años para «hacer el amor»
se disiparon en la frustración
—por engaño y por culpa de la semántica.

MINUTO CULTURAL EN LA TELEVISIÓN PARA HABLAR DEL PORVENIR DE LA POESÍA

(*Se ilustra con dibujos animados*)

Reloj de arena: encarnación del tiempo
que se va a cada instante.
Se vacía de nosotros.
Está pasando siempre y no vuelve.

Oiga, no continúe. Bien lo sabemos.

Hoy el reloj de arena ya no es la imagen del tiempo:
figura en todas partes el reloj digital
en donde sólo da la cara el instante.
A semejanza del reloj de arena,
durante muchos siglos la poesía...

Basta: salte ese pasaje
o cambiaré de canal
para cerrarle la boca.

Está bien, está bien. Disculpe
que yo abuse de su impaciencia.
Terminaré en un segundo.

Ese reloj poético de arena,
esa filosofía de bulto que hizo tangible el paso del tiempo,
ahora está reducido a la cocina
para medir los tres minutos justos
en que el agua y el fuego hacen un pacto
y juntos reconvierten los embriones de pollo
en un plato llamado huevos tibios.

HABLA EMILIO URANGA EN EL BAR MONTENEGRO (1971)

«Nuestra generación se malogró. Como todas.
Ahora supones que te salvarás,
que para ti no existe el fracaso.
Adelante.

»Te espero a los cincuenta años.»

La señora de edad fue a visitarme y dijo:
«Le pago
por escribir la historia de mi vida.
Yo soy, yo fui Lolita. Usted sabe:
Lolita, la de Nabokov, Vladimir Nabokov,
el novelista ruso, *Lolita*.
Voy a contar lo que él no dijo. Prometo
revelaciones increíbles. Habrá
sexo y más sexo en mi libro.»

Me disculpé. Nos despedimos.
En todos estos años he vuelto a verla
tratando de robar en supermercados
o acercándose a alguien en un café
para decirle
que ella es *Lolita* y debe reclamar
«la merecida gloria, robada
por Nabokov, un canalla
como todos los escritores.»

Sí, he vuelto a verla de vez en cuando con gran tristeza.
Me duele
pensar en ella.
Ignoro si fue *Lolita* hace medio siglo.

Hasta ahora hay dos cosas ciertas:
vive muy pobremente en Tlatelolco
—y jamás ha leído la novela.

OVNIVIDENTE

A Linda Scheer

En la noche de agosto en Brooklyn Heights
bajó del cielo volando algo.
Más que un ovni me pareció un zeppelin
o una perinola de gran tamaño
y verde y blanca y roja, a la mexicana. Qué absurdo.

Lo vimos dos mil personas o más.
Se hundió en el agua sin explosión
y sin dejar ni rastro ni espuma.
El *New York Times*
dijo que no era un globo sonda
ni nada semejante. Ninguna agencia
oficial lo reclamó como suyo.
Y aunque en Brooklyn abundan los creyentes
no hubo ninguno que le atribuyera
un origen extraterrestre.

De la nada salió. Volvió a la nada.
Fue un juego de la nada esa perinola.
¿O fue el *Hindenburg* que explotó de nuevo y descendió
de otro mundo?
¿Por un instante
mil novecientos treinta y siete irrumpió en aquel año,
ahora también inabordable y remoto?

Algo se hizo presente en Brooklyn Heights,
donde noche tras noche sin fallar nunca
suceden cosas muy extrañas.

OCASO DE SIRENAS

Homenaje y despedida a José Durand

José Durand desconfía
de quien emplea el adjetivo «libresco»
para oponerlo ¿a qué?: ¿a la ignorancia?

Todos somos cautivos de la ignorancia.
No tiene objeto fomentarla. Por otra parte,
la realidad está en los libros,
los atraviesa y los funda.

Así los conquistadores,
al llegar devorados por las novelas,
creyeron ver sirenas en donde sólo
retozaban los manatíes.

Bajo la inmensa noche Durand y yo
navegamos en busca de manatíes.
Y no encontramos ya ninguno con vida.

Hoy no existen sirenas ni manatíes.
Ha perdido el planeta dos fantasías.

LA DESCONSTRUCCIÓN DE SOR JUANA INÉS DE LA CRUZ

> Desconstrucción: Movimiento filosófico y crítico que comienza en los sesenta y se aplica especialmente al estudio literario. Impugna todas las suposiciones tradicionales sobre la habilidad del lenguaje para representar la realidad y subraya que un texto no tiene referencias ni identificaciones estables, ya que esencialmente las palabras se refieren tan sólo a otras palabras y por tanto el lector debe aproximarse al texto eliminando todo concepto metafísico o etnocéntrico y sólo mediante el papel activo de definir el sentido, basándose a veces en nuevas construcciones, etimologías y juegos de palabras.
>
> *The Random House Dictionary*

El semestre se fue en desconstruir
insondables sonetos de Sor Juana.

Omitieron la historia (es triste siempre)
y las hipótesis biográficas. El texto
quedó aislado del mundo, sin relación
más que consigo mismo, eco y espejo.

Con tal vehemencia los desconstruyeron
que todo fue de nuevo página en blanco;
Lisis y él, dos juegos de palabras,
signos flotantes,
sin realidad, memoria ni deseos.

Y los sonetos se vengaron y al fin
desconstruyeron hasta el seminario.

Cuando lo dejó ingrata, la buscó amante.
Cuando lo siguió amante, la dejó ingrato.

Y llegaron al término preciso.*

---

* Fuentes: El soneto que comienza: «Al que ingrato me deja, busco amante; / al que amante me sigue, dejo ingrata». Y el que concluye: «Pues no te engañó amor, Alcino mío, / sino llegó al término preciso».

GATIDAD

La gata entra en la sala en donde estamos reunidos.

No es de Angora, no es persa
ni de ninguna marca prestigiosa.
Más bien exhibe en su gastada pelambre
toda clase de cruces y bastardías.

Pero tiene conciencia de ser gata.
Por tanto
pasa revista a los presentes,
nos echa en cara un juicio desdeñoso
y se larga.

No con la cola entre las patas: erguida
como penacho o estandarte de guerra.

Altivez, gatidad,
ni el menor deseo
de congraciarse con nadie.

Duró medio minuto el escrutinio.

Dice la gata a quien entienda su lengua:
Nunca dejes que nadie te desprecie.

RAGTIME

Hermosa es la pareja que se abraza...
JULIO ORTEGA

Me quedé solo en la terraza frente al mar,
allá abajo, muy hondo, lejos
del sol poniente y la luna que apenas se dibujaba
sobre su eternidad que nunca es la misma.
Soplaba un viento de Asia tal vez
entre el calor de ofensa y ultraje.

De la sala brotó un *ragtime* no menos eterno.

Ragtime, y casi vino la noche.
Pero una noche todavía un poco roja y dorada.
A contraluz, en la orilla
del malecón abierto sobre el Océano Pacífico,
una pareja se besaba.
La primera del mundo y también la última.
Todo el amor
en un instante que jamás volvería.

Me resistí a profanar
lo que era de ellos tan sólo.
Volví a la casa.
En ese instante llegó
la marejada de la noche.

Entré en el *ragtime*.
Me pareció de pronto que volvía a verte
bajo otro tiempo, junto a otro mar, a mi lado.

TIERRA DE NADIE

En la ignorancia a medias de un idioma,
ya que el dominio es imposible,
las palabras demuestran estar hechas
de la esencia del mundo y la poesía.

Pienso en *dirt*, por ejemplo:
«barro, lodo, tierra,
polvo, suelo, mugre,
suciedad, obscenidad,
bajeza, vileza».

Suciedad de la tierra, tumba y matriz.
Basura sagrada
que amasaron plantas y huesos.
Putrefacción en que nos da la vida la muerte.

Extraño llamar «Tierra» al planeta errante
en donde navegamos siempre en tinieblas
y a la materia de la que sale todo
y todo regresa.

La tierra baldía, la tierra prometida,
la tierra de nadie.

LA NOCHE EN BLANCO

Viene la noche con su gran manto de espinas
a dormir en la cama de los insomnes.
Y a falta de esa muerte provisional,
de esa honda ausencia en donde flota el cuerpo,
esa novela que urde en blanco el silencio,
deja en la mente la conciencia trágica,
el archivo salvaje, la foto ilesa,
la vuelta intolerable de todo aquello
de lo que no quisieran ni acordarse.

PARTIR

Partir, extraño verbo con dos puntas hirientes,
lanzas que afilan la separación, la desesperada
tarea de desunir el desenlace.

Partir: deshacer un todo en partes iguales o desiguales.
Marcharse, irse, decir adiós, empezar de nuevo,
otra vez como náufrago,
como lombriz en pedazos.

Porque sabe cuánto la quiero y cómo hablo de ella en su
ausencia,
la nieve vino a despedirme.
Pintó de Brueghel los árboles.
Hizo dibujo de Hokusai el campo sombrío.

Imposible dar gusto a todos.
La nieve que para mí es la diosa, la novia,
Astarté, Diana, la eterna muchacha,
para otros es la enemiga, la bruja, la condenable a la
hoguera.
Estorba sus labores y sus ganancias.

La odian por verla tanto y haber crecido con ella.
La relacionan con el sudario y la muerte.

A mis ojos en cambio es la joven vida, la Diosa Blanca
que abre los brazos y nos envuelve por un segundo y se
marcha.
Le digo adiós, hasta luego, espero volver a verte algún día.
Adiós, espuma del aire, isla que dura un instante.

A LARGO PLAZO

Valiente en la medida de su maldad,
la gota se arriesga
a perforar la montaña
en los próximos cien mil años.

EL CARDO

El cardo es pura hostilidad.
Inmóvil escorpión, acecha y sabe
que alguien irá a clavarse en sus púas.

Planeta de odio, error de la tierra.

El cardo sólo sirve para herir,
sólo tiene lenguas
para la injuria.

Quiere vengarse de ser cardo.

Es la ofensa a todo.
el erizo que se difunde
para clavar su pica de rabia.

Y al cumplir su función morirse.

«S»

En la reunión no la menciones por nombre.
Si lo oyeran se asustarían.
Cómo aborrecen su deslizamiento sinuoso,
su dominio enigmático
de las entrañas de la tierra;
su habilidad
para dejar atrás lo que fue,
para desprenderse
de lo que ya sirvió y se gastó

y no temer nunca al cambio.

DESECHABLE

«Nuestro mundo se ha vuelto desechable»,
dijo con amargura.
«Así, lo más notable
en el planeta entero
es que los hacedores de basura
somos pasto sin fin del basurero».

LA GOTA

La gota es un modelo de concisión:
todo el universo
encerrado en un punto de agua.

La gota representa el diluvio y la sed.
Es el vasto Amazonas y el gran Océano.

La gota estuvo allí en el principio del mundo.
Es el espejo, el abismo,
la casa de la vida y la fluidez de la muerte.

Para abreviar, la gota está poblada de seres
que se combaten, se exterminan, se acoplan.
No pueden salir de ella,
gritan en vano.

Preguntan como todos:
¿de qué se trata,
hasta cuándo,
qué mal hicimos
para estar prisioneros de nuestra gota?

Y nadie escucha.
Sombra y silencio en torno de la gota,
brizna de luz entre la noche cósmica
en donde no hay respuesta.

LA BOLA DE HIERRO

[Al ser demolido en Washington un
edificio del otro fin de siglo]

Tengo el poder de la masividad,
de la rotunda fuerza, el peso, el impulso
ante el que nada resiste.

Soy un arma sin alma. La obediente
y también la implacable.

Como un rayo redondo
o un perdigón de Dios acabo con todo.

Es siempre impersonal la ferocidad de mi triste encono.
Admito el placer,
la sensación de incontrastable fuerza
que me produce el derribar, el destruir al instante
lo construido en muchos años.

Adonde ardió la vida llevo la muerte.
Ante mi poderío imbatible
se vuelve escombro
la intimidad de otro tiempo.

Nada me cuesta aceptarlo:
para pulverizar los edificios más altos
no soy tan hábil como la dinamita.

A mí, la deshabitadora que muele el tiempo
y tritura las épocas y desarraiga el recuerdo,
nadie puede habitarme.
No sirvo
para vivir.
Ya muy pronto
me desmantelarán para fundirme.

AGOSTO

El año hace su agosto entre las mieses del sol.
Todo el campo es de fuego y quema
al verano que avanza hacia la concreción del otoño
lacónico, desnudo de palabras.

ORQUÍDEAS

¿Qué hacen aquí
estas orquídeas demasiado sexuales?
Son lo salvaje, lo vivo,
lo perdurable por efímero.
Todavía huelen a selva,
a liana, a gruta, a humedad.
Su blancura veteada de violeta
impugna
esta sala elegante que las condena
a ser ornamento.

No saben lo que valen estas orquídeas bárbaras,
muriéndose
ante el televisor de pantalla inmensa,
la videocasetera de lujo,
el celular y los discos ópticos,
el *kitsch* irredento
en las altivas fotos familiares
de quienes conquistaron este mundo
destruyendo con su ganado y con su ganancia
la misma selva condenada a morir
que hizo posibles las orquídeas.

TENEDOR

Hermano de la garra, hijo bastardo
del azadón y de la pala,
hecho de cuatro lanzas que se encorvan
para embestir;
flecha dentada, escuadrón,
dócil a la orden de combate.

Qué perfecto en su mansa ferocidad.
Cómo ataca en silencio.
Cómo se clava, halcón de metal,
y se levanta con su presa,
ya reducida a escombros
por su hermano hiriente, el cuchillo.

No hay ningún arma capaz de penetrar como él,
tridente de gladiador con una punta más
y al alcance de toda mano.
Ningún lazo
ata con tanta fuerza a su víctima inerte.

Sin embargo su triunfo dura un instante.
Cancelamos las huellas que le imprimió la ceremonia salvaje
y vuelve sin que le demos las gracias
a su bruto confinamiento, soledad en compañía,
encerrado en sí mismo
bajo las cuatro puntas brutales.

Por intermedio suyo nos comemos el mundo.
Empalados por nuestro esclavo los alimentos terrestres
nos dan la vida que acabará devorándonos.

FAX

El fax vino en tinieblas desde el mundo de ayer.

Algo giró en el aire y se imprimió en el espacio.
El impulso eléctrico
envió señales al termopapel,
engendró calor que se volvió letra y fantasma.

Leí con miedo en el fax
una carta de hace veinte años.

INSTANTE

La mano se demora sobre la perfección de la espalda,
valle de todo excepto de lágrimas. Milagro
de la carne que rompe su finitud
y por un instante
se vuelve tierra sagrada.

EL AVE FÉNIX

A la memoria de Eliseo Diego

Arde en la hoguera de su propio vuelo.

Bajo el cuerpo de lumbre ella es el sol.
Su resplandor la atrae y la convierte en ceniza.

Viaja a su íntima noche, se asimila
al leve polvo errante de los muertos.

Pero entre lo deshecho se rehace.
Toma fuerzas del caos, se teje en luz

y amanece en la llama indestructible.

VALENCIA

En la noche verbal esa fuente habla
un idioma que no comprendo.

Pero me basta su música.

LAS OSTRAS

Pasamos por el mundo sin darnos cuenta,
sin verlo,
como si no estuviera allí o no fuéramos parte
infinitesimal de todo esto.

No sabemos los nombres de las flores,
ignoramos los puntos cardinales
y las constelaciones que allá arriba
ven con pena o con burla lo que nos pasa.

Por esa misma causa nos reímos del arte
que no es a fin de cuentas sino atención enfocada.
No deseo ver el mundo, le contestamos.
Quiero gozar la vida sin enterarme,
pasarla bien como la pasan las ostras,
antes de que las guarden en su sepulcro de hielo.

HELECHO

Viejo como la tierra duele el muro
que ya no tiene forma ni futuro.

Le ha dado muerte el aire irrespirable
El tiempo lo condena aunque no hable.

Nuevo, contrasta el primigenio ser
del planeta de nunca más volver:

El helecho prehistórico y flamante
como el verdor perfecto de este instante.

CHAPULTEPEC: LA CALZADA DE LOS POETAS

> En el Bosque de Chapultepec y cerca del lago
> hay una calzada en que se levantan monumentos
> de bronce a los poetas mexicanos.
>
> *Guía de la Ciudad de México*

Acaso más durable que sus versos el bronce
y nadie alza los ojos para mirarlos.
Aquí en el bosque sagrado,
cerca del lago y la fuente,
enmedio de los árboles que se mueren de sed,
por fin se encuentran en paz.

La hojarasca de otoño les devuelve en la tarde
palabras que dejaron sin saber para quién ni cuándo.

Y perduran en bronce porque escribieron.
(No para estar en bronce escribieron.)

Extraña sensación esta vida inmóvil
que sólo se reanima cuando alguien los lee.

¿Qué leemos
cuando leemos?
¿Qué invocamos
al decirnos por dentro lo que está escrito por ellos
en otro tiempo, incapaz
de imaginar el mundo como es ahora?

Algo muy diferente sin duda alguna.
Se gastan las palabras, cambia el sentido.

Aquí bajo el sol, la lluvia, el polvo, el esmog, la noche
yacen los prisioneros de las palabras.

AMADO NERVO AGRADECE
A RAFAEL ALBERTI EL RECORDARLO

Escribí un solo libro
con demasiadas hojas.

Qué voy a hacer.
En esto y lo demás fui como todos.

Si crees que vale la pena,
te corresponde ser generoso conmigo:

barrer la hojarasca
y de todo aquello
dejar en pie
(cuando mucho)
lo más
que uno puede lograr:

cuatro o cinco páginas.

MERCADO LIBRE

Siempre que lo equiparan al sultán en su harén,
cuando envidian
su ilimitada cópula diversa,
en la que nunca ha habido *post coitum triste*,
y la mano de hierro con que mantiene el terror
en el fugaz gallinero —estación de paso,
como la tierra misma en que se encuentra alojado—,
el gallo piensa en nuestra hirsuta arrogancia:
creer que él no lo sabe, no está consciente
de su lugar de peón en el siniestro ajedrez,
simple engranaje en la cadena infinita
que proporciona huevos para el desayuno

y Kentucky Fried Chicken.

ADOLESENESCENCIA: MATTHEW ARNOLD SE DESPIDE EN LA PLAYA DE DOVER

> … mientras las tropas ciegas se acometen de noche.
>
> ARNOLD, *Dover Beach*

Niña que vienes de Roma por el camino de Madrid,
en tu Finisterre
se acaba el mar del milenio,
naufraga el siglo último y único
que me tocó.
Mi historia muere. Comienza
otro mundo implacable.
En él no hay lugar
para los emigrantes del pasado.
Recibe el homenaje y la gratitud
de quien al fin te halló en este fin
y pudo verte un instante.
Me voy. Adiós. Me dirijo
a zozobrar en mi adolesenescencia.

El ciclón

El ciclón:
odio inmenso,
espada que llamea en el incendio del aire.

Después de la nevada

La sal sobre la nieve
hecha de lodo
que volverá a ser tierra.

Anuncio

Llueve el viento en las frondas.
No cae el agua:
vibra su eco en la sombra.

Río San Lorenzo (Montreal)

Caudal de hielo:
se detuvo el río
pero no el tiempo: fluye.

Retratos

Nada fija el instante:
en el retrato
se mueren más los muertos.

Parque México

Lumbre del sol
flotando en el estanque:
el universo es agua.

Limpieza étnica

Dijimos: *nunca más.*
Y ahora, monstruosa,
se repite la historia.

Oscuridad

El centro de la noche no es la luna
sino la oscuridad
que manda en todo.

Escritura

Consuelo de la letra:
la hosca vida
encerrada en algunos signos.

Colibrí

El colibrí es el sol,
la flor del aire
entre las dos tinieblas.

Relámpago

A la luz del relámpago aparece
indefensa
la tierra.

Dragones

El que derrota al monstruo
y ocupa su lugar
se vuelve el monstruo.

Silver Spring

En el bosque otoñal
ramas desnudas
esperando la nieve.

Civilización

La mente dice: quiero;
el cuerpo: dame.
(La conciencia aparta la vista.)

Esperanza

El futuro nunca lo vi:
se convirtió en ayer
cuando intentaba alcanzarlo.

Posmodernidad

La supercarretera hacia la nada.
A la orilla
el cementerio de automóviles.

Playa

Estalla el mar
contra la arena errante.
Y no vuelven a verse.

Berwyn House

En el silencio cae la nieve.
Arde la luz.
Vuelve a ser paraíso el mundo.

Paisaje mexicano

Piedra en el polvo:
donde estuvo el río
queda su lecho seco.

III

SOBRE LAS OLAS

A George McWhirter

SOBRE LAS OLAS

Homenaje a Juventino Rosas

Nadie podrá domarlo: es el salvaje.
He visto el fuego propagarse en el bosque,
asimilar lo que devora y transformarlo en hoguera.
Y es más temible el agua elemental que hizo el mundo
y lo tiene en sus manos.

*

Tierra: fondo del mar, fardo del mar, lastre del mar,
esclavizada por el enorme peso del agua.
El mar, la mar, el agua madre que es el padre de todo
y destruye todo.

*

Tan sereno un momento en su horizontalidad,
espejismo de paz inalcanzable en este rompeolas que nos
    legó al retirarse
para dejarnos náufragos en la soberbia de creerlo vencido.
Y él se ríe de nosotros y vendrá por nosotros.

*

El mar se muere de odio. Lo entendí
cuando tomó la playa por asalto.
Ardía, espuma de cólera, su rabia.
Las olas eran látigos y lanzas.
Sus alas azotaban la oscuridad.
La sal colonizaba el agua dulce.
Todo se arrodillaba ante su carga.
Como astillas volaban los grandes árboles:
guerra sin esperanza de armisticio.

*

De repente el estruendo cedió lugar a un silencio trágico.

Dijeron: retrocede para embestir
y nada quedará en pie cuando retorne.
Los peces han de vengar su asfixia con nuestro ahogo.

*

Y sin embargo el mar hasta el momento no ha vuelto.
Nos concede una nueva prórroga.
Desde el fondo de la prisión
nos observan sus ojos de pantera.

ALABANZA

En silencio la rosa habla de ti.

ANVERSIDAD

Toda moneda tiene anverso y reverso: anversidad
es la situación en que están respecto una de otra
las figuras de sus dos caras,
unidas para siempre en el mismo sitio, ligadas
por la materia que les da existencia; dos planos
del mismo objeto, en lazo indisoluble,
en cercanía tan íntima, tan próximas
que si alguna de las dos no existiera
la moneda perdería razón de ser:
las necesita a ambas, no puede
partirse en dos sin aniquilarse:
la moneda es moneda porque tiene anverso y reverso;
y a pesar de esto, o por todo esto, las dos figuras,
sentenciadas a coexistir mientras su espacio de metal no
    muera,
no se verán jamás ni se unirán nunca.

AUSENCIA DE FRIDA KAHLO (1954)

A la memoria de Alejandro Gómez Arias

El sol vacío entra en el cuarto abandonado.
La busca.
Y sólo encuentra huellas de que se ha ido.

El árbol crece.
El día cae.
Se abisma
en otra vida que hoy comienza
sin verla.

> ¿Veis a la mosca horrenda? Alabadla. Antes de ser mosca fue el gusano que alimentó a un cadáver. Sin ella, sin su labor que roe todas las vanidades, la tierra sería un inmenso pudridero, agobiado por la carroña de quienes nos han precedido.
>
> Padre Antonio Olivera, sermón del 2 de noviembre de 1691 en la Ciudad de México

Es la mosca que acaba de nacer.
El huevecillo de donde salió
tiene historia y estirpe.
Lo abandonó su madre en la cripta imperial.
Antes de convertirse en mosca anónima
fue el gusano
que devoró los párpados del rey
y el sexo inaccesible de la joven princesa.

Así pues, en la cuna bebió la tradición.
Su cuerpo está forjado por esa herencia impecable.
Tiene venticuatro horas para vivir su existencia entera.

Siente el poder inmenso de volar.
Deja la sombra, su dominio es el aire.
Lucha con otras moscas por su trocito de mierda.
Obtiene la victoria. Saborea su alimento.
Busca a la hembra más bella de su enjambre fugaz.
La sigue y la corteja con el vibrar de sus alas.
Qué hondo placer
la unión de sus dos cuerpos en la letrina sagrada.

Ella parte al encuentro de algún cadáver.
Han cumplido con el deber
de perpetuar la existencia absurda.

Y ahora él se enfrenta a la profusión de venenos,
el matamoscas y la cinta engomada,
los infiernos humanos de su especie.

Se ha salvado y no importa porque se acerca su plazo.
Y va a morir. Está muriéndose. Cae
en el río de la muerte que se lleva consigo
a las generaciones de las moscas.

Veinticuatro horas. Una guerra. Un amor.
Miles de huevecillos que serán moscas,
efímeras y eternas como sus padres.

Y él se pregunta al terminar su siglo y su ciclo:
—De verdad ¿eso fue todo?

TRES DEL MAR

1. *Veracruz: playa norte*

A mares llueve sobre el mar.
La lluvia
es otro mar
y vertical inunda
el oleaje que llueve sobre la playa.

2. *Acapulco*

En el agua color de ayer
el sol se funde y por un instante es más fuego.

El mar se vuelve noche.

Allá abajo,
en las rocas de espuma,
comienza el tiempo.

3. *A la orilla*

La arena que estuvo aquí hace un instante
ya no es la misma de ahora.
Y todas sus galaxias se conmocionan
cuando llega y se aleja la marea.

EL ERIZO

A Vicente Quirarte

El erizo tiene miedo de todo y quiere dar miedo
en el fondo del agua o entre las piedras.
Es una flor armada de indefensión,
una estrella color de sangre,
derruida en su fuego muerto.

Zarza ardiente en el mar, perpetua llaga
resiste la tormenta en su lecho de espinas.
El erizo no huye: se presenta
en guerra pero inerme ante nuestros ojos.

Al fondo de su cuerpo la boca, herida abierta, discrepa
de su alambre de púas, su carcaj
de flechas dirigidas a ningún blanco.

Testigo vano de su hiriente agonía,
el erizo no cree en sí mismo ni en nada.
Es una esfera
cuya circunferencia está en el vacío.
Es una isla
asediada de lanzas por todas partes.

Soledad del erizo, martirio eterno
de este San Sebastián que nació acribillado.
El erizo nunca se ha visto.
No se conoce a sí mismo.
Tan sólo puede imaginarse a partir
de los otros erizos,
su áspero prójimo,
su semejante rechazante.

Bajo el mar que no vuelve avanza el erizo
con temerosos pies invisibles.
Se dirige sin pausa hacia la arena
en donde está la fuente del silencio.

HOJAS

¿Qué significan esas hojas muertas,
bronce fundido en la lluvia que arrastra el año
por el río del otoño?

No significan: son.
Les basta ser y acabarse.

CALENDARIO

Veloz la marejada del año que cae hacia el nunca.
Vamos a ver allá en tus ojos, tiempo,
lo nunca visto. Pero estamos ciegos
ante lo que pasó.

INDIAN CREEK

Misteriosa abundancia de esta luz:
desciende entre los árboles y prende
el aire ya dispuesto para el invierno.
Nunca más otro otoño
como el que se disuelve bajo la hora incendiada.

KAISER VON MEXIKO

[Cripta de los Capuchinos, Viena]

Veo la casaca agujereada, el resplandor
del príncipe en una mancha de sangre seca,
muerta como la hoja de plenitud que me diste
y guardo en algún libro (ya no sé cuál).
Destino solemne
del otro desdichado que yace
incorruptible y encogido en su ataúd de metal
en la cripta de Viena con toda su desastrosa familia.

ENIGMA

Al peinarme cayó en la sábana
una hormiga extraviada,
tal vez herida
por la violencia ciega del peine.

¿Qué hacer con ella? ¿Matarla
por compasión?
(No volverá al hormiguero,
quizá le faltan patas y sufre.)
O bien ¿dejarla allí librada a su suerte?
Un segundo después
la hormiga resuelve todo: se muere.
Y me pregunto cómo se subió,
de dónde vino, adónde iba.

Sin duda antes de morir
se interrogó lo mismo acerca de quien
no sabe qué es este mundo
ni cuándo y cómo caerá en el misterio
de irse de aquí por la selva ignota
hasta el final en la sábana.

EL DESPERTAR DE PAOLA ACCARDO

La despierta la sombra de los olmos.
Takoma Park
se ha hundido esta mañana de verano
en las frondas de Sligo Creek.
El mundo entero se diría en su gloria
árbol de luz en donde el viento canta,
borra la muerte y el dolor, restaura
el paraíso
en la mirada de Paola Accardo.
Sin embargo no hay tregua que perdure.
De repente llegan a verla
los indocumentados perseguidos.
Traen en la cara
sus historias de guerra,
la aldea arrasada,
la matanza que dura cuarenta años.
Y Pedro de Alvarado se aparece irredento
bajo el verdor, entre la dicha trunca.
Le recuerda a Paola Accardo
que muy lejos de aquí
hay otros árboles.
Se llaman ceibas y están manchadas de sangre.

CARMEN VUELVE A SEVILLA

¿Fue la luna o fue Ishtar,
Astarté, Afrodita,
la mujer que por un instante
entreabrió las tinieblas
e iluminó nuestra noche
con su enemiga belleza?

ISLA EN EL RÍO

Un pedazo de bosque se echó a andar
y quedó a la mitad del río.

Mansas fluyen las aguas junto a los árboles.
El mediodía se va con el viento,
llena de lumbre el año que nos dejó sin recuerdos.

PONT D'AUSTERLITZ

A la memoria de José Carlos Becerra y
Paul Celan, muertos en mayo de 1970

Hay legiones de estrellas sobre París esta noche.
El Sena las recoge y las disuelve en el tiempo
que es el fluir. Y como su brillo
desciende a la velocidad de la luz pero desde impensables
 distancias,
dos cuando menos
emiten como nunca su resplandor sobre el río
desde la noche aquella de hace veinte años.

LAS VOCALES

A NOIR, E BLANC, I ROUGE, U VERT, O BLEU: VOYELLES

Homenaje a Arthur Rimbaud

Un hecho extraño ha sucedido en la máquina:
se rebelaron las vocales.
Al encender la pantalla,
blancas en fondo negro aparecieron,
hirientes, mudas,
las consonantes sin sonido, las ruinas
de un alfabeto semítico.
Quizá una runa, un ladrillo asirio,
una estela maya,
la nueva Piedra de Roseta esperando
a su descifrador en el sepulcro electrónico.

¿Adónde fueron, en donde están, qué pretenden,
por qué me hacen esto, me dejan plantado
como árbol muerto
en la tierra sin habla del principio del mundo?

Los cinco signos de improviso tomaron conciencia
de su importancia decisiva.
Porque sin ellos
somos polvo y mudez crustácea, guijarros
que rezongan incomprensibles
al desplomarse en el abismo sin tiempo.

Devuélvanme mi lengua.
Quiero tomar la palabra,
anguila fugitiva entre las manos,
arena que se escapa sin las vocales.

Pido clemencia a las ausentes.
He sido injusto con ellas,
pues suenan tan distintas en los variados idiomas
y aun en el mío
que cinco signos no bastan
para representar la multitud de vocales,
su democracia tiránica,
su indispensable dictadura insolente.

El ideograma de Babel centellea
—rescoldo de una hoguera que ardió mil años,
charco en donde hubo un río—
en la noche de la pantalla:
campo de nieve, triunfo del silencio
en el planeta de los signos.

Pero algo ocurre: como un río en el deshielo
brotan flores del agua entre los témpanos.
Sus raíces perforan
los bloques de basalto de las pirámides.

Vuelven de entre los muertos las vocales.
Y renovadas por el descenso a ultratumba
se alzan entre su servidumbre de consonantes.

Y por fin me devuelven la palabra.

LA DESNUDEZ

[A orillas de una alberca en Cuernavaca
José Luis Cuevas hace un dibujo para su
Sala Erótica]

Bajo el precario engaño de la piel
el cuerpo todo es músculos rojizos,
huesos de escalofrío para asustar a los niños
(que envejecen sin salir nunca de su prisión
donde a pesar de todo no hay cadena perpetua).
Y grasa repugnante, viscosas vísceras,
sustancias nauseabundas pero entrañables.

Inventario de horror con el que hacen su agosto
puritanos y teólogos,
capaces de creer que la inversión de sus vidas
es: setenta años de infierno en la inmunda tierra
para ganar el cielo libre de impuesto
que por siglos de siglos multiplica los réditos
de las meritocracias celestiales.

Un desierto ha de ser su vida sin la pasión
de admirar al supremo artista
que con materia prima tan deleznable y obsolescente
hizo el cuerpo desnudo de la mujer,
recién salida del agua,
que se acerca hasta él y dice:
—¿Vas a seguir dibujando?

MARIPOSA

El gato deshojó a la mariposa.

Con cuánto esfuerzo en tinieblas
el gusano se esculpió en flor.
La luz vistió su fealdad
con la belleza de una moda que nunca pasa de moda.

Y humanamente vino a parar en todo esto.

UN DIBUJO DE OCTUBRE

Verdes por última vez,
las hojas cuentan sus historias,
se hacen preguntas,
intercambian recuerdos,
se reconcilian o se dejan de hablar
mientras el viento lo permite.

Mañana el cuerpo entero les dolerá.
Todo el año vivido les caerá encima
como el flagelo de un rayo.

Marchitas e inservibles se arrastrarán por el suelo,
girarán en la hoguera.

Convertidas en humo
llegarán a la gloria
precaria e inestable del bosque de las nubes.

ENEMIGOS

Molestia de encontrarnos en todas partes
porque desde hace tiempo no nos hablamos.

No falta quien admire nuestro control.
Primero la palabra se retira,
después se vuelve transparente el cuerpo
y al final invisible.

Somos espectros uno para el otro,
espejos incapaces de copiar al vampiro
que llevamos por dentro
y vive de las furias y los rencores.

Se ha roto el hilo
de palabras que ata a los seres.
Bajo cuerda refluyen
tantas cosas habladas en otro mundo,
antes de ser fantasmas de aquella Atlántida
que se hundió en la discordia de otras tormentas.

FÓSIL Y VOLÁTIL

A Beatriz Sarlo

En la gran tumba de papel, cadáver crujiente,
lividez amarilla que se desgarra al contacto,
entre ruinas proliferantes de lo que fue
un día en la vida,
un momento entre los momentos,
encontré un fósil que aún emitía bajo el Carbono 14
cierta señal, aunque muy leve, de vida.

Fue mi primer poema de hace mil años.

Quise leerlo desde otro planeta,
desde el desconocido impensable que salió de allí sin
embargo
—y aún no se cura de espanto.

Sentí ganas de ver qué me decía,
cuál recado póstumo
escribí para otro yo mismo sin darme cuenta en aquel
entonces.
Y me acerqué intrigado y, *qué más da, emocionado.**

Pero la hoja volátil abrió las alas.
Se quebró ante mis ojos.
Y ya herida de muerta dejó en la nada
un reguero de polvo o polen.

---

* César Vallejo, *Poemas humanos*.

YA SE VA EL TREN

Subo al tren del pasado.
Me conduce
al sitio en que se borra la memoria.

Los puentes son abismos.
Cada túnel
desemboca en la edad de las cavernas.

Desde del furgón de cola veo la vida.
Me dice adiós.
Y allá a lo lejos se va quedando solita.

CIGARRAS

Liman los pies de la noche
que se desplomará cuando guarden silencio.

Roen la insolente oscuridad.
Forjan la luz entre la hierba.

Salen del fondo de la vida
y están hablando con la tierra.

Cumplo como se debe la voluntad del amigo.
Esparzo las cenizas en lo que fue
el bosque de su recuerdo.
Ahora los árboles
son puntos suspensivos, decoración
entre las casas desiguales.
Venden aquí el espejismo
de ser *como ellos* al fin,
vencer el estigma,
ya no ser México.
Pero uno es lo que es y no puede ser otro.

La urna de las cenizas da la medida
de que vinimos a llenar un paréntesis (1927-90).
No hay antes ni después:
sólo estas asas de hierro,
fauces abiertas (-   ).
Parecen los contornos de nuestra cuna,
su balanceo, el vaivén
de la incesante humanidad que va y viene
y nunca deja de nacer y morir.

Me voy. Se hace de noche. Ya es muy tarde.
Y no queda el consuelo
de que esta muerte suya dará vida a los árboles
de su niñez, hoy impensable (1929-40).
O de su juventud de la que nada sabemos (1948-60).

Porque el trecho de bosque aún no talado
será pronto ladrillo, concreto, asfalto,

lleno de otros paréntesis.

IMPUGNACIÓN DEL FILISTEO

Tañen las moscas la canción de sus alas.
Pero mi estrecho gusto y mi incultura
no me permiten apreciar su extraña armonía,
encontrar placer
en esos territorios de deleite
que son forma pura, Mozart perfecto
para ellas solas como ejecutantes y público.

Soy insensible a su arte.
Soy filisteo ante las moscas sinfónicas.
Y levanto como arma de la crítica,
como aplastante impugnación, el periódico.

Greenbelt Park

Bosque, astilla de luz:
el sol poniente
se vuelve una hoja más en el otoño.

Baja California

En la frontera de la sal el sol
convierte en mar de fuego
las montañas errantes.

Lerma

Entra en lo oscuro
el mar:
ola es la noche.

Ventanilla

Antártida de nubes
y al crepúsculo
espejismos de fuego.

Brooklyn

Hondo al atardecer
el puente rima
con su sombra en el agua.

LA CAJA NEGRA

Para nacer cerramos los ojos.
Para morir los abrimos tanto
que la última clemencia debida a un muerto
es clausurar las puertas por donde se hizo imagen el
mundo,
poner punto final a lo que tejió su mirada
—maraña, urdimbre—,
remachar con un *clic* esa caja negra
en que se van con él sus visiones.

LA BARRANCA DEL MUERTO

> Esta antigua barranca, pintada por José María Velasco en el siglo XIX, era cauce de un arroyo nacido en las montañas del poniente que se unía al Magdalena y al Mixcoac para formar el río de Churubusco. Hoy es una avenida que atraviesa Revolución e Insurgentes y termina en Universidad.
>
> *Guía de la Ciudad de México*

Cómo volver a ese lugar que ya no está.
Imposible encontrarlo
entre los edificios de Insurgentes.
Lo estoy viendo: había casas,
casas de un solo piso o dos cuando mucho,
no grandes torres de altivez y de vidrio
o muros de concreto y soberbia insultante.

Cómo volver si no recuerdo ni el número.
En el lugar de aquel sitio
se levanta una tumba etrusca:
al despertarla se pulveriza en el aire.

Destruyeron la casa. Al demolerla
erosionaron la memoria.

Lo único irrefutable es que estaba muy cerca
de la Barranca del Muerto,
cuando era de verdad una barranca
con un hilo de agua
más turbio e inconfiable que mi empañado recuerdo.

Hoy no es barranca
sino avenida indiferente.

Me pregunto quién será el muerto.

CULEBRÓN

Culebrón que se arrastra lerdo
y sigiloso o con estruendo.
Densa novela
hipertrofiada de hechos y personajes.
Cómo desaparecen en un truco del aire,
escotillón invisible,
entre escenografía purulenta o radiante.
Cómo regresan
en un golpe melodramático.

Qué coincidencias,
inadmisibles en un drama que se respete.
Nadie aceptaría en un libro serio
los simétricos folletines
que son el pan nuestro de cada día,
las duplicidades
del villano reaparecido como héroe.
O la traición fraterna de Abel inocente.
O el Gran Amor
que durante dos semanas iluminó la existencia entera
—y hoy quién se acuerda.

Culebrón nuestras biografías,
escritas en el aire con mala letra,
líneas torcidas;
mezclas vulgares
de lo trágico y lo irrisorio.

Qué ganas de humillarnos tiene el autor
o el que mueve las marionetas.
Su dramaturgia efectista y sórdida
(aunque sin duda alguna entretenida)
no se mantiene en pie ante la gran objeción al género:
desde que empieza la obra
sabemos cuál será nuestro desenlace.

LA ARAÑA DEL HOLIDAY HOUSE MOTEL*

Pasó por aquí la araña.

Veloz como fuego fatuo,
diminutiva como pulga la araña a escala,
su reducción final a un ser microbiano casi.

Subió a la cama,
leyó algo en el libro abierto
y se llevó un renglón en las patas.

Araña del motel en donde nadie sabe nada de nadie,
ella, la indiferente, lo sabe todo
y transporta su ciencia: ¿adónde?

A la noche ínfima
de su dominio en tinieblas,
alcázar rampante
o tienda de campaña de seda ilesa
que no verán nuestros pobres ojos provisionales
aunque tan necesarios —para que exista el mundo—
como su tela.

* El motel de Malibú donde, según la leyenda californiana, se reunían Marilyn Monroe y John F. Kennedy.

Envuelta en su arrogancia pasa de nuevo.
Borra una línea más.
Arruina el sentido.
Es la miniaturización del terror la araña.

Aléjala si quieres pero no la mates.
Tú qué sabes qué intenta decir la araña.

EL SILENCIO DE LA LUNA: TEMA Y VARIACIONES

... et iam Argiva phalanx instructis navibus ibat
a Tenedo, tacitae per amica silentia lunae...
Eneida II, 254-255

... ya la falange de las griegas naves
de Ténedos venía, bajo el velo
del silencio amistoso de la luna...
AURELIO ESPINOSA PÓLIT,
Virgilio en verso castellano

I

El aire está en tiempo presente.
La luna por definición en pasado.
Tenues conjugaciones de la noche.
El porvenir ya se urde
en los fuegos que hacen el alba.
Invisible para nosotros, porvenir nuestro,
como otro sol en la maleza del día.

2

Noviembre, y no me fijo en los troncos desnudos,
sólo en las siemprevivas y en las plantas perennes.
Ignoro la respuesta: su verdor,
enmedio del desierto de la grisura,
¿es permanencia, obcecación, desafío?
O quizá por indiferentes
desconocen la noche de los muertos.
Al prescindir del viaje renunciaron al goce
de la resurrección
que habrán de disfrutar sus semejantes:
siemprevivas porque antes ya se han muerto,
perennes porque saben renacer como nadie.

3

Cuánto ocaso en el día que ya se va
y parece el primero en estar muriendo.
Son las últimas horas del gran ayer.
De mañana ignoramos todo.

4

Después de tanto hablar
guardemos un minuto de silencio
para oír esta lluvia que disuelve la noche.

IV

CIRCO DE NOCHE

A Cynthia Steele

I. EL DOMADOR

El Domador dice que no:
él no tortura a sus bestias.
Su método infalible es la persuasión,
su recompensa el cariño.

El Domador se muestra como un tirano benévolo.
Con mano ya perlada por la vejez,
acaricia indolente unos cachorritos.
Es el espíritu del orden.
Cada cual tiene su lugar
bajo esta carpa y en las jaulas de afuera.

«Sólo trabajo para el placer de mi público;
y lucho por el bien de mis animales.
Sin la misericordia de este Circo
ya los habrían cazado. Serían tal vez
pieles de lujo en un aparador
o simples organismos de sufrimiento
en los laboratorios del infierno.

»En mi Circo no existe ley de la selva.
Viven en paz. Se encuentran protegidos
por mi benevolencia, a veces exigente.
No podría ser de otra manera.

»Ahora observen la cara de mis bestias.
Sólo les falta hablar; si pudieran hacerlo
entonarían a coro mi alabanza.

»Con gusto posaré para sus fotos.
Me encanta retratarme con las panteras,
ver cómo tiembla el tigre cuando empuño mi látigo.

»¿Pueden negarlo? El Circo es el Estado perfecto».

Cuando él termina de hablar
el silencio no colma el Circo:
se oyen protestas entre rejas.

2. LA TRAPECISTA

La Trapecista encarna el drama del amor
y está siempre en manos del aire.

La Trapecista no comparte el estigma:
ser de la tierra y regresar a la tierra;

vivir atados al polvo
por la ley de la gravedad y por la pesadumbre del cuerpo.

La Trapecista actúa siempre con dos
pero nunca se queda con ninguno.

Se hunde y vuela en la noche en donde no hay red.
Su cuerpo se hace vida ante la muerte.

La Trapecista es el deseo que se va.
Se halla al alcancc dc la mano y escapa.

Alta como una estrella en su desnudez,
su arte de estar presente se llama ausencia.

3. PAYASOS

Por los Payasos habla la verdad.
Como escribió Freud, la broma no existe:
todo se dice en serio.

Sólo hay una manera de reír:
la humillación del otro. La bofetada,
el pastelazo o el golpe
nos dejan observar muertos de risa
la verdad más profunda de nuestro vínculo.

Todo Payaso es caricaturista
que emplea como hoja su falso cuerpo deforme.
Distorsiona, exagera —y es su misión—
pero el retrato se parece al modelo.

Vuelve cosa de risa lo intolerable.
Nos libera
de la carga de ser,
la imposible costumbre de estar vivos.

Cuando se extingue la carcajada y cesa el aplauso,
nos quitamos las narizotas,
la peluca de zanahoria, el carmín,
el albayalde que blanquea nuestra cara.

Entonces aparece lo que somos sin máscara:
los payasos dolientes.

4. BORO

Boro es el niño bestial,
el hijo de las fieras, el joven-lobo
que creció entre los lobos y está cubierto de pelo.

Boro tiene a lo sumo catorce años.
Su mirada, todos los siglos.

Lo hallamos en un bosque de Sarajevo
y lo hemos mantenido en pleno estado salvaje
para cobrar por exhibirlo.

Observen sus colmillos. Vean cómo gruñe.
Aprecien esas uñas encorvadas en garras.
Sólo puede comer carne sangrante.
Fíjense en cómo parte a ese corderito
y se deleita en arrancar sus entrañas.

Boro es el Mal Salvaje, el asesino yacente
bajo la represión que hace posible
vivir como vivimos: entre aullidos
y detrás de las rejas.

5. SIAMESES

Me llamo Tim y odio a Jim, mi hermano
gemelo —y algo más,
ya que nacimos unidos
por una membrana flexible
que otorga libertad de movimiento (hasta cierto punto).
Imposible cortarla pues la escisión
acabaría de golpe con nuestras vidas.

Tenemos dos cabezas muy diferentes.
Jim es glotón y sólo come cadáveres.
Yo soy vegetariano, estoico, ascético:
mi rival vive esclavo de la lujuria.
Y cuánto me repugnan sus contorsiones
en mujeres de paga mientras yo en vano
hojeo una revista o finjo distancia
mirando en la pantalla videos idiotas.

Yo simpatizo con el pueblo doliente.
Mi ideal es anarquista y odio el poder.
Jim ama el capital, gana millones
pues tiene genio para invertir en la Bolsa.

Él duerme como un niño. Yo soy insomne.
Leo todo el tiempo y Jim detesta los libros.
Me gusta hablar. Mi hermano es silencioso.
Aborrezco la caza. Él es experto en venados.

Nos hacen millonarios nuestra danza grotesca,
los diálogos obscenos que improvisamos
y los feroces juegos con espadas.

Dice la gente: «Es el acorde perfecto.
Nunca se han visto hermanos tan idénticos.»
¿Alguien se ha imaginado nuestra guerra interior,
la lucha interminable que libramos a solas?
(Ninguno de nosotros sabrá nunca
qué significa la expresión a *solas*.)

No podemos creer que existan seres
por separado. Los consideramos
triste mitad de un todo inexistente,
mellizos de un fantasma o espectrales siameses
que alojan en un cuerpo la dualidad, la enemiga
contradicción de opuestos para siempre enfrentados.

Cómo anhelo
vivir sin este monstruo que me duplica y estorba.

Y no obstante, de noche conversamos
en nuestra propia lengua inventada.
Nadie será capaz de descifrar la clave imposible.
En presencia de extraños no se usa nunca.
La llamamos *Desesperanto*.
Arde en lumbre de rabia y odio hacia ustedes.

Si puedo hablar ahora es porque Jim
duerme su borrachera como puerco en zahúrda.
Despertará en un minuto
y entonces volveremos a la pugna incesante.

Oigan lo que les digo: de verdad
la convivencia es imposible.

6. FENÓMENOS

Vivimos del desprecio y para el desprecio.
La elocuencia de la mirada, el fulgor
con que ustedes tasan y humillan
a nosotros nos alimentan.

En las buenas familias se nos oculta.
Todas las dinastías imperiales
tienen fieros palacios, hondas prisiones
para aquellos que son de nuestra especie.

Señoras y señores, gracias por vernos.
Gracias por las monedas del desdén.
(*Deberían adorarnos:*
los hacemos sentirse dioses.)

Pasen a nuestro inmóvil carnaval.
Celebren los disfraces que no podemos quitarnos.
Después, para lavarse de la visión,
vayan a los espejos deformantes.

Aquí está el mundo: pueden observarlo
en otro espejo cóncavo y oscuro.

Miren las cuatro piernas, los dos pares de brazos:
nuestro as, El Pulpo Humano, aún no es pescado
y ya hace mucho que dejó de ser carne.

Y éste es El Lobizón. Cara imborrable,
nudo de pelo hirsuto color de sangre
en donde apenas flotan dos ojillos impávidos.

Vean al Enano-Enano, el más pequeño del mundo,
diminuto bebé de setenta años.
¿No les divierte a ustedes su dolor?
Vestido de Pierrot con mandolina,
el bufoncito danza a su propio son
y tiene por contraste voz de bajo profundo.

El otro en cambio se llama El Hombre Montaña.
Mide casi tres metros. No hay lugar
para él en ese angosto mundo de ustedes.

En el género hembra
nunca ha habido un espécimen más horrible que el nuestro:
en anteriores circos la llamaron
La Bruja Azteca, La Aborigen del Hades.

Félix posee un gemelo en miniatura
que cuelga de su pecho como un ahorcado.
No tiene habla.
Emite sólo un vil chillido de pájaro,
un grito de angustia
cuando ustedes lo observan y se doblan de risa.

Aquí están todos: La Mujer Barbada.
La Niña-Boa, El Más Gordo de Tokio.
Y ahora, viscosidad sin esqueleto,
se presenta reptando la pesadilla,
el asco, la inmundicia: El Hombre-Gusano.
Nació sin miembros y ha perdido los ojos.
Pero toca en la armónica *Valencia*.

Somos tragedia, error y proyecto fallido.
Cáncer de Dios, nos ha llamado un blasfemo.
Serias erratas en El Gran Libro del Mundo.
Intrusos en lo que ustedes creen *normalidad*.
Pero tenemos un papel en la vida:
darles la sensación de ser perfectos
y de creerse afortunados
—con dos posibles excepciones:
los compasivos (ya se están acabando)
y las parejas que sospechan: tal vez
el hijo que engendramos salga como éstos.

En su arrogancia ni siquiera imaginan
que ustedes nos divierten con su cara de asombro,
con su alarmada burla y su temor
a un accidente o una enfermedad
que los haga cruzar nuestra frontera.

¿Qué esperaban? Sí, somos teratocéntricos
y todo lo medimos con nuestra vara.
Ustedes nos repugnan, nos dan pavor
con sus cuerpos de dieta y ejercicio
que también la vejez hará monstruosos;
con sus caras sin vello ni fealdad
que pronto han de plegarse bajo el agua del tiempo;
el don divino de caminar en dos pies
—pero algún día acabarán arrastrándose.

Mírense en el espejo: llevan muy dentro
lo mismo que en nosotros se hace visible.

Ustedes son para nosotros *fenómenos*.
Ustedes son los monstruos de los monstruos.

7. EL CONTORSIONISTA

Desde que abrió los ojos le gustó el Circo.
A los seis años se unió a él.
Pasó otros tantos
en el aprendizaje de su arte.
Ocho horas de ejercicio todos los días
para cinco minutos de espectáculo.

Primero fue flexible,
después alado, incorpóreo.
Esqueleto de gato, huesos de esponja,
cuerpo de alga o de agua que asimiló
las formas de Proteo.
Volvió su carne
reflejo y cauce del fluir del mundo.

Fue pelota de goma, tirabuzón,
árbol en la tormenta, vela, pagoda:
lo que usted quiera.
Todos y nadie.
Vaso del aire, forma pura, concepto,
garabato, acertijo, símbolo.

No existe el mundo para él si no hay Circo.
No concibe otra vida que no sea el Circo.
Quiere morirse allí sin ver el mundo de afuera.

Por lástima,
por el vago recuerdo de sus hazañas,
no lo han echado del Circo.

Oye con gran dolor la resonancia del látigo.
Cada animal provoca en él accesos de llanto.
Se muere de tristeza ante los grandes reyes cautivos
(muy pronto en esta tierra no habrá elefantes).

Pasó aquel tiempo en que era atleta y acróbata.
Nunca será de nuevo El Contorsionista.
Ahora sólo se mueve bajo el estruendo del golpe.

Es El Payaso de las Bofetadas.

8. LAS PULGAS

Bajo el vidrio de aumento
aquí en esta prisión los divertimos
con nuestro desempeño casi humano.

Reparen la injusticia de su desdén.
Acepten un minuto —nada les cuesta—
que hay auténtico genio entre Las Pulgas.

Miren cómo disparo este cañoncito
y vestido de frac bailo ante ustedes
con mi pareja el vals *Sobre las olas*.

Mientras tanto boxean las otras Pulgas,
corren en el hipódromo, atraviesan
abismos ígneos en la cuerda floja.

Vean con qué destreza incomparable
damos saltos mortales y nos mecemos
impecables y esbeltas en el trapecio.

Nuestro arte es nuestro orgullo.
Sólo en Amsterdam
han logrado igualar el espectáculo.

Pasmo del mundo, El Gran Entrenador
cada semana elige entre cien mil Pulgas
una que colme sus aspiraciones.

Aprendan del ejemplo: vuélvanse humildes.
La estrella de este Circo en vidrio de aumento
dura lo que otras Pulgas —y siempre, siempre

consuma su destino: es aplastada.
Las Pulgas no contamos ante El Señor
que sin embargo vive de nuestra sangre.

9. EL HOMBRE-BALA

Estruendo y humo: lo dispara un cañón.
Cruza como una piedra el vacío concentrado
y cae en la red al otro extremo del Circo.
(Todo lo que protege es también abismo.)
Entre las dos funciones, en la barraca,
juega con cañoncitos que no hacen ruido.

El Hombre-Bala se ha quedado sin voz.
Su oído ya no escucha. Su cerebro es de humo.
Poco a poco la piel se hace de plomo.
El año entrante será un cartucho quemado.

10. EL AUTÓMATA

Esta gran antigualla es hoy novedad
y la exhibo a la entrada del espectáculo.

Quiero decirle por qué sorprende mi Autómata:
hoy un robot
es una maquinaria vagamente humanoide;
más bien parece
computadora o cualquier trasto electrónico.
En cambio mi Autómata
es un espectro ambiguo como un muñeco de cera.

La marioneta mecánica
—fabricada en Berlín hacia mil ochocientos setenta, creo—
como por arte de magia
se levanta, saluda, enciende las velas,
se sienta al piano
y toca para asombro de los presentes
La Polonesa.

¿Pueden creerlo? ¿*La Polonesa* tocada
en la pianola, el viejo piano mecánico,
por un Autómata
que responde al nombre de *Wagner*?
Chopin debió llamarse mi Autómata.
Y no obstante se llama *Wagner*.

¿Aprecia usted la exactitud con que los dedos de *Wagner*
hunden la tecla justa sin fallar nunca?
Los más grandes pianistas abren la boca
ante el perfecto acorde entre las dos máquinas.

No es nada más relojería este gran triunfo mecánico.
El creador de *Wagner*
hizo con él una obra de arte admirable,
un asombroso modelo
de eficacia, obediencia y método.

De seguro no fue un artista anónimo aislado
sino un equipo, maravilla en su campo.
Qué disciplina, qué inventiva, qué genio.
Nunca podremos alcanzarlos.

Pregunta usted por qué llamamos *Wagner* a este
prodigio que anticipa el mundo de ahora.
En realidad no lo sé a ciencia cierta:
Wagner ya estaba de tiempo atrás en el Circo
cuando me lo vendieron hace diez años.

Supongo que será porque lo compraron maltrecho
en el sitio donde hubo un *campo*.
Allí tocaba *Wagner* a la pianola sus valses
de bienvenida a los que iban
a morir bajo el gas *Zyklon B* en las cámaras.

II. EL ILUSIONISTA

Echamos a patadas al viejo Mago.
Que sus huesos se pudran en el desierto
y su polvo regrese al polvo.

Ya nunca más veremos su horrible cara,
la grotesca peluca rubia,
la mirada torva de cerdo.

Y sus trucos, qué horror, sus trucos.
Nunca se ha visto un repertorio más fúnebre.
Todo tan gris y mediocre
que sólo de milagro no acabó con el Circo.

Este pobre diablo
vivió sin darse cuenta de que existía la electrónica.
Porque hay televisión, porque ya todo
lo vemos en el marco de una pantalla, el Circo
sólo perdurará si alcanza el formato
de un videoclip que satisfaga el gusto moderno.

No fue lo peor aquello. Lo inadmisible
era su narcisismo intolerante, la vanidad
llevada a los confines de la locura.
(En una sola cosa los tiranos se parecen a Dios:
quieren oír sin tregua su alabanza).

Nadie a mi izquierda, nadie a mi derecha,
era el lema del viejo como el de Hitler y Stalin.
Quería para él todas las pistas del Circo
y las tres horas de función. Qué vergüenza.

Se hizo justicia. En buena hora lo echamos.
Agoniza en las calles, vive borracho,
pide limosna y dice: «Yo fui el gran mago.»
Pero ni quien se acuerde. Todos se alejan
del fardo humano que huele a orines y a mierda.

Ocupé su lugar. Qué diferencia.
Asombro y maravillo a cuantos vienen al Circo.
Todos abren la boca cuando presencian
cómo aparece el tigre bajo mi frac
y cómo de la manga me saco un buitre.

Gran privilegio de este Circo el tenerme
como su estrella máxima. Sin mi presencia
nadie se asomaría a la triste carpa.
Lo demás es relleno. Vienen a verme.
A estas alturas
nuestros pobres Payasos inspiran lástima.
La Trapecista, El Domador, Los Fenómenos
son cosa vieja, de otro siglo, no importan.
Yo soy el Circo, todo el Circo. No admito
que nadie objete mi supremacía.
No es vanidad sino conciencia crítica:
sólo hay un Mago, los demás son farsantes.

Vean el acto más grande de ilusionismo:
tengo en mi derredor unas cuarenta personas.
Un pase mágico y de repente, señores,
se alza mi pedestal en una nube de incienso:
Nadie a mi izquierda, nadie a mi derecha.

12. LAS JAULAS

Dejemos que termine el empresario del Circo:
«En la arena del mundo somos tigres y leones.
Nacemos con las garras bien afiladas.
No hay nadie que no tenga agudos colmillos,
disposición para la lucha, talento innato
para la herida, para el desprecio y la burla.

»Unos cuantos alcanzan el doctorado,
grandes torturadores o asesinos en serie.
Pero todos ganamos nuestro diploma
en la escuela del desamor,
en el colegio del odio,
el seminario de la intolerancia.

»La inmensa paradoja es que se ha hecho justicia:
a nadie en el reparto de los males
se le negó su rcbanada.
Daga es la mano, proyectil el puño,
flecha incendiaria y venenosa la lengua
y látigo los dedos que abofetean.
Todos nosotros somos ministerio de guerra,
ejércitos compuestos de una sola persona,
tropas de asalto contra el semejante
a quien nunca hallaremos desarmado.

»El gran tema del mundo es la venganza.
Me haces algo, contesto, me respondes.
Perpetuamos el ciclo interminable.
Y si alguien se atreve a interrumpirlo
será siempre marcado a fuego y hierro
con el terrible epíteto: *cobarde*.
¿A quién honran los pueblos y las artes?
Al que deja montañas de cadáveres
para salvarlos de su error: ser distintos.

»La vida sólo avanza gracias al conflicto.
La historia es el recuento de la discordia
que no termina nunca.
El zarpazo bestial es tan humano
como la dentellada.
El heroísmo auténtico sería
entender las razones diferentes,
respetar la otredad insalvable,
vivir hasta cierto punto en concordia,
sin opresión ni miedo ni injusticia.

»Pero entonces, señores, no habría Circo,
no habría historia ni drama ni noticias.
No estaría bajando esa cuchilla
que ahora mismo cercena mi cabeza.»

V

AIRE OSCURO*

* Estos poemas fueron escritos para la serie de dibujos *Escenarios* de Vicente Rojo.

A la memoria de Jaime García Terrés

1

Musgo de luz en el pozo.
Agua que mana tinieblas.
Tarde verde, aprisionada.
Tiemblan los muros del día.

2

Soledad del aire oscuro.
Glaciar el mundo.
Se hielan
en remolinos los mares.
No volverán los navíos
que ancló la niebla
en la nada.

3

Entretejidas las piedras,
unas con otras se unen
sin argamasa,
orgía inmóvil,
elogio del junto,
lejos
de la ruina ya insinuada.

4

Cuerpo en el tiempo,
planeta
de continentes y mares.
Volcán que lleva muy dentro
su propio fin.
Mientras tanto,
oleaje, playa,
descenso
del aire:
se abre la tierra.

5

Lo que parecía alborada
era un ocaso secreto,
aunque todos lo ignoraban.

6

Estaba loco, creían.
Consumió la vida atado
a una cuerda en el jardín
de su casa.
Le arrojaban
monedas, piedras y a veces
la piedad como una injuria
de que nunca se vengaba.

¿Qué habrá visto desde allí?
¿Qué habrá pensado?
¿Qué imagen
del mundo habrá construido
en su jardín infernal
con la soga que en el fondo
todos cargamos?
Se llama
nombre, época, lugar,
o vida que siempre, siempre
sabe hasta dónde permite
decir:
«Soy libre»
y llegar
hasta donde el hilo alcance.

7

En la pirámide obtusa
yace la momia de hierro.
Vale el poder lo que el polvo
gris en que ardieron sus huesos.

8

Era el cazador del mar.
Su coto, el fondo insondable.
Lanceaba pulpos, crustáceos,
medusas, peces sin ojos
y criaturas abismales.

Un día juraron las rocas:
«No volverá».
Lo atrajeron
hasta una cueva.
Pescaron
los peces al pescador
y él también se volvió arena.

9

Velocidad de noviembre,
falaces horas de enero,
mayo en el árbol,
el viento
deshoja un octubre ileso.
Lo que no arrastren sus alas
será de la nada a tiempo.

10

Tocar el fondo en la cima
de esa montaña que nunca
se alzó del suelo.
Proeza
del topo ciego:
supone
ser dueño del horizonte.
O vuelo de águila-araña,
presa en su red.
Ha logrado
ser el desastre y la cumbre.

11

Juego ilícito,
imposible,
del dardo contra la espada.
Duelo sin manos,
objetos
inanimados que animan
la guerra eterna.
En la sombra
hay dos
pero están de espaldas.

12

Sueño:
despojo, ignorancia
de un saber que nadie sabe.
Soñar es abandonarse
a un habitante que adentro
escribe un drama sin letra
en tinta invisible.
Alaba
la imaginación a fuerza
del que duerme,
prisionero
de sí mismo,
texto,
actor, escenario y clave.
Espectro de su fantasma,
nunca sabrá qué decía
el sueño que lo soñaba.

13

Odio del por qué al quién sabe,
semejantes que se enfrentan
por temor a semejarse.
Babel entre los desplomes
de los sindudas y acasos.
El para qué como un trueno
zozobra entre las vocales.

14

Domul,
tzu,
debagandé.
¿Qué dicen?
¿Qué jerigonza
rezonga arriba o abajo?
Dobró am ilente.
¿Quién habla?
Es muda y sorda la estática
que impide escuchar.

No entiendo
a nadie.
Nadie me entiende.
Todo el tiempo están hablando
¿de qué, de quién,
desde dónde?
Undó, menil,
tza, dodema.

15

Calles que van al pasado,
regresan del porvenir
y se detienen aquí
entre ya nunca y mañana.
Esquina de un hoy falaz,
encrucijada o ya término
de un viaje que se extravió
nochearriba,
no sé cuándo.

16

Por no saber qué decir
pagaré el haber callado.
Jamás perdona el silencio
a quien calla demasiado.

17

No moriré,
dijo aquél.
Soy inmortal,
redundaba,
seguro de sí,
triunfante,
mientras el otro
a su espalda,
ponía la flecha,
apuntaba.

18

En la mitad del azar
todo depende de nada.
Misterio del día que avanza
hacia su enigma,
secreto
en marcha hacia aquí.
Es de noche.
Los mares cubren la tierra.

19

Pierdes la llave.
No hay paso.
Todo se cierra.
Te arrojan
las puertas.
Nadie te habla.
Pierdes la pista.
No sabes
en dónde está
la salida.
La casa de los espejos
desconoce las ventanas.
Pierdes el tiempo.
No existe
minuto alguno que vuelva.
Pierdes y pierdes
y un día
llega
en que mueres perdido.

20

La noche del Bronx.
El *rap*
en que salmodia su muerte
el siglo brutal.
¿Su canto
es el *rap* o las sirenas
policiales?
Lingua franca
en todo el mundo.
Parece
que el Bronx ocupa
esta noche
sin piedad
el planeta entero.

21

La sombra tiñe la lluvia.
Caen negras gotas al negro
suelo en que duerme la tierra.
Verdecerá el otro sol
y no estaremos aquí
para ver que no fue en vano.

22

Artificio:
juega el fuego.
En la oscuridad dibuja
aves,
astros,
peces,
flores.
Pero esta noche no hay feria,
tampoco artificio:
están
jugando fuegos de guerra.

23

Soledad de la campana.
Le dice adiós al tañido.
Último son de su bronce,
saeta,
rumor ardiente.
Vaga en busca de su eco
—pero nadie le contesta.

24

Estrella de mar,
planeta,
perdido,
errante,
encallado
en la galaxia enemiga.
Se desplomó.
Vino a tierra.
Cayó del cielo
que es agua
hasta mis manos.
Ignoran
su última naturaleza
de pez,
de piedra
o de asfixia.
Quizá fragmento de un sol
que vive oculto
en las olas.

25

Ya es tarde para saber.
Soy ignorancia.
Conozco
lo que no sé.
La luz muere.
Oscuro el libro del mundo.
Texto de sombra.
Ilegible.

ÍNDICE

III. *Sobre las olas*

V. *Aire oscuro*